Marathi Alphabets
Vowels/Constants
Marathi Alphabets Picture Book with English Translations

मराठी स्वर & व्यंजन

A perfect Marathi Alphabets (Devanagari script) Book with Alphabet, Words and Pictures with English Translations.

- *This is a beautiful book for children of ages 4+ to learn MARATHI Alphabets (Vowels/Constants)*
- *The book details each alphabet, the English phonetics, the commonly used word in Marathi, words English phonetics and its associated English word for easy understanding and reference with pictures.*
- *Picture book details all 15 Marathi vowels, 36 consonants accompanied with a picture that describes the first words/sight words for respective alphabet*
- *A Perfect Bilingual Early Learning & Easy Teaching Marathi Books for Kids*
- *The book features English phonetics, the commonly used word in Marathi, words English phonetics and its associated English word*
- *Premium color cover design*
- *Printed on high quality perfectly sized pages at 8.5x11 inches Black and White pages*
- *Alphabets with commonly used word (Marathi and English with phonetics) and pictures*

Help us out

We are a small business, and your brief review could really help us. The following link will take you to the **Amazon.com** review page for this book

vapari.page/reviews/27

We appreciate your feedback & support, and sincerely hope to serve better.

Marathi Vowels Alphabets/Letters
मराठी स्वर

अ आ इ ई

उ ऊ ए ऐ

ओ औ अं अः

अॅ ऑ ऋ

अ a

Ananasa

अननस

[Pine Apple]

आ Aa

Aaee

आई

[Mother]

इ i

इमारत

[Building]

Imarath

ई I

लिंबू

[Lemon]

Limbu

उ
u

Undeer

उंदीर

[Rat]

ऊ
u

Usa

ऊस

[Sugar Cane]

ए

e

ek

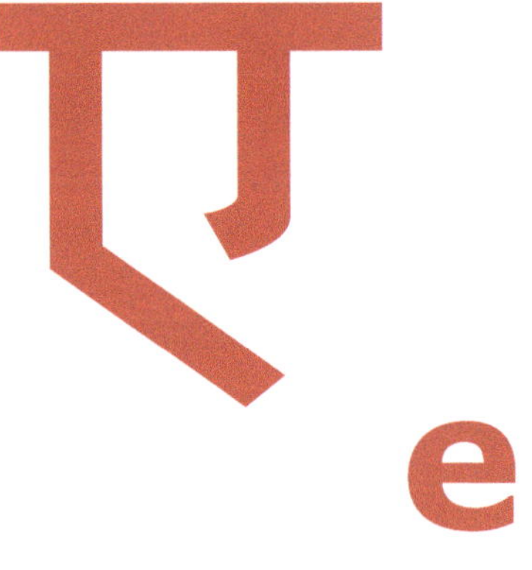

एक

[One]

ऐ

ai

Airavath

ऐरावत

[White Elephant]

ओ॒

Haut

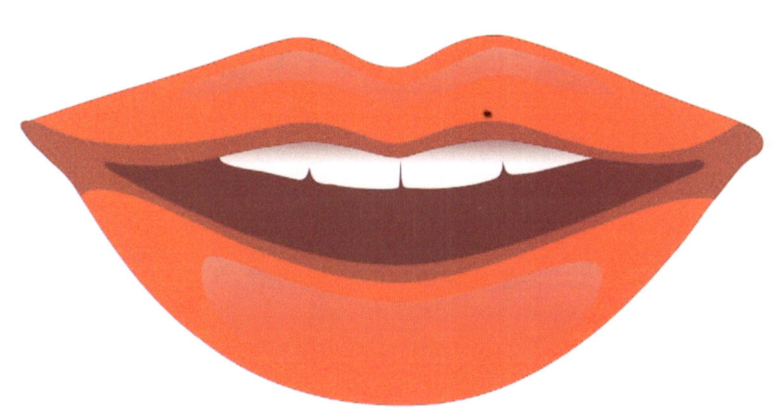

ओठ

[Lips]

औ
au

Aushada

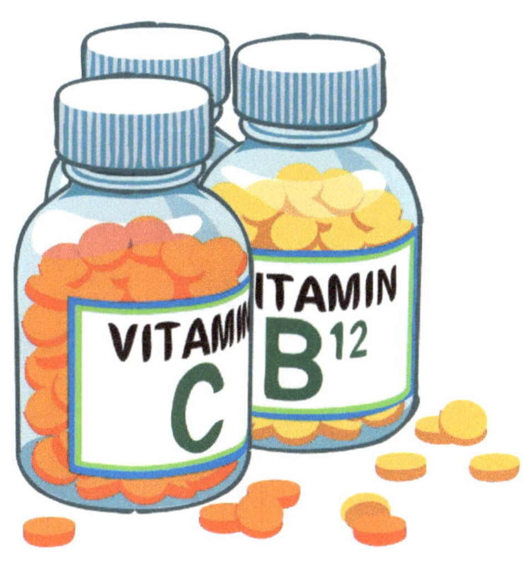

औषध

[Medicine]

अं aM

अंगठा

[Finger]

Angatha

अः ah

अः

~a as in 'bat'

`O as in O in Oxford

ऋ

Ru

Rushi

ऋषी

[Sage]

मराठी स्वर

अ आ इ ई
उ ऊ ए ऐ
ओ औ अं अः
अॅ ऑ ऋ

Marathi Consonants Alphabets/Letters
मराठी व्यंजन

क	ख	ग	घ	ङ
च	छ	ज	झ	ञ
ट	ठ	ड	ढ	ण
त	थ	द	ध	न
प	फ	ब	भ	म
य	र	ल	व	श
ष	स	ह	ळ	
क्ष	ज्ञ			

क **ka**

कमळ

[Lotus]

KamaL

ख **kha**

खडू

[Chalk]

Khadu

ग **Ga**

Ganapathi

घ **Gha**

Ghar

nGa

cha

चमचा

Chamcha

[Spoon]

छ **Cha**

छत्री

[Umbrella]

Chatri

ज **Ja**

जहाज

[Ship]

Jahaz

Jha

Jhaga

झगा

[Frock]

nja

ट ta

Tapalpeti

टपालपेटी

[Postbox]

ठ Ta

Tasa

ठसा

[Rubber Stamp]

ड Da

Daba

डबा

[Box]

ढ dha

Ḍhaga

ढग

[Cloud]

ण
na

बाण

Baana

[Arrow]

त
tha

तराजू

Taraju

[Scales]

थ
Tha

थवा

[Flock]

Thawa

द
da

दऊत

Dhavot

ध dha

धनुष्य
[Bow]

Dhanushya

न Na

नल
[Tap]

Nal

प
Pa

Pathang

पतंग

[Kite]

फ
pha

Phaṇas

फणस

[Jack Fruit]

ब **Ba**

बदक

Badaka

भ **Bha**

भटजी

Bhatagi

[Priest]

म **Ma**

Magar

मगर

[Crocodile]

य **ya**

Yangya

यज्ञ

[Holy Fire]

र

Ra

रात्री

[Night]

Rathri

ल

La

लसूण

[Garlic]

Lasuna

व Va

Vajan

वजन

[Weight]

श Sha

Shahamurg

शहामृग

[Ostrich]

sha

Shathakaun

षटकोन

[Hexagon]

Sa

Sassa

ससा

[Rabbit]

ह **Ha**

Hatti

हत्ती

[Elephant]

ळ **L**

KamaL

कमळ

[Lotus]

क्ष

ksha

क्षत्रिय

[Royal Warrior]

kshathriya

ज्ञ

nJa

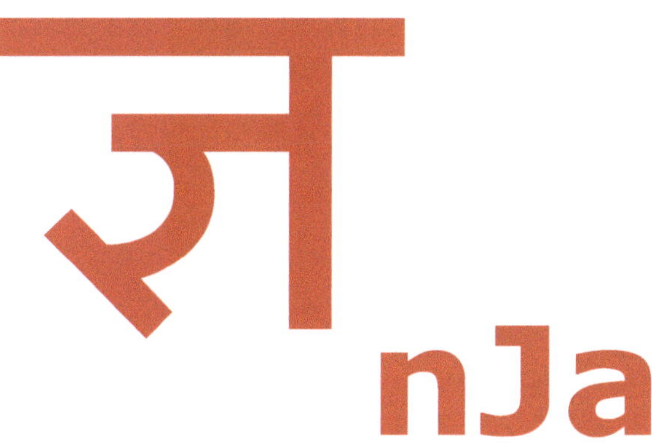

ज्ञान

[Knowledge]

nJan

Marathi Vowels Alphabets/Letters
मराठी स्वर

अ आ इ ई

उ ऊ ए ऐ

ओ औ अं अः

अँ ऑ ऋ

Marathi Consonants Alphabets/Letters
मराठी व्यंजन

क	ख	ग	घ	ङ
च	छ	ज	झ	ञ
ट	ठ	ड	ढ	ण
त	थ	द	ध	न
प	फ	ब	भ	म
य	र	ल	व	श
ष	स	ह	ळ	
	क्ष	ज्ञ		

Marathi Language Books

from the Author

64 Page MARATHI Vowels/ Alphabets LETTER TRACING Book

146 Page Marathi Consonants Alphabets Letter Tracing Book with Words & Pictures

We hope you love the book!

If so, would you care to leave us a quick review? It
would mean a lot to us! This following QR code / link
would take you to our amazon.com product page:

https://vapari.page/reviews/26

We appreciate your feedback & support, and sincerely hope to serve better.